BLANQUI

BLANQUI

Publié par G.HAVARD

LES CONTEMPORAINS

BLANQUI

PAR

EUGÈNE DE MIRECOURT

PARIS — 1857

CHEZ L'AUTEUR
48, rue des Marais Saint-Martin

Et chez tous les Libraires de France et de l'Étranger

L'auteur et l'éditeur se réservent le droit de traduction et de reproduction à l'étranger.

BLANQUI.

Vous connaissez, chers lecteurs, la pratique superstitieuse des Lapons, racontée par Regnard.

Lorsqu'ils veulent s'embarquer, ils vont trouver un sorcier du pays, afin de lui acheter le vent nécessaire à leur navigation.

Mais le rusé magicien a soin de ne le vendre qu'en gros, et il leur donne, à cet effet, un mouchoir noué de plusieurs nœuds différents.

Si l'on défait le premier nœud, il s'élève une brise favorable.

Pour obtenir un vent plus fort, on ouvre le second nœud.

Mais, si l'on dénoue le troisième, à l'instant même éclate une tempête épouvantable, qui remue la mer jusqu'au fond de ses abîmes et engloutit le navire avec ceux qui le montent.

Tant pis pour le pauvre marin s'il s'enivre à bord et défait par mégarde le nœud terrible !

Or, les Français ressemblent à ces hommes du pôle.

Que d'ouragans ne déchaînent-ils pas eux-mêmes, et que de fois ils ont eu la sottise d'acheter du vent aux magiciens de la politique, charlatans, faux prophètes, conspirateurs, démagogues et terroristes!

Sont-ils guéris aujourd'hui de cette légèreté gauloise, nos chers compatriotes, et ne pécheront-ils plus?

Nous ne le croyons pas.

C'est ce qui nous détermine à écrire l'histoire de Blanqui, le plus cynique des démoniaques conjurés pour la perte de la société moderne.

Après neuf ans, les échos du club de la rue Bergère frémissent encore. Appliquez l'oreille contre le sol, et vous entendrez le hurlement lointain de la bête fauve qui a soif de sang !

Louis-Auguste Blanqui est né à Nice en 1805.

Il est le second fils de Jean-Dominique Blanqui, mort en 1832, député du département des Alpes-Maritimes à la Convention nationale, et proscrit comme Girondin pour avoir signé la fameuse protestation du 6 juin 1793 contre la tyrannie de la Montagne et la journée du 31 mai.

Jean-Dominique se déroba par la fuite au

décret d'arrestation rendu contre lui et contre-soixante-douze de ses collègues.

On le réintégra dans son poste de représentant du peuple, le 8 juillet 1795. Il devint ensuite membre du Conseil des Cinq-Cents, dont il cessa de faire partie en 1797. Enfin, sous l'Empire, il remplit les fonctions de sous-préfet dans la petite ville de Puget-Teniers[1].

Le frère aîné de Louis-Auguste, Adolphe Blanqui, économiste et membre de l'Institut, est mort en janvier 1854.

Son plus jeune frère est mécanicien.

1. A la fin de la Terreur, Jean-Dominique Blanqui publia un opuscule intitulé : *Mon agonie de dix mois.*

Madame Blanqui, la mère, est encore de
ce monde.

Agée de quatre-vingts ans, elle partage
tout le fanatisme politique d'Auguste.

En revanche, le propre fils du héros de
cette histoire a les doctrines de son père en
horreur profonde et vit en désintelligence
complète avec lui.

Châtiment!

Louis-Auguste fit ses études au collège
d'Avignon.

Après avoir achevé ses humanités, il en-
treprit d'instruire les enfants d'un général.

Mais cette position obscure, ce métier de

subalterne s'accordaient mal avec ses rêves
ambitieux. Ame inquiète et farouche, il
n'était pas fait pour l'éducation privée, mission de zèle et d'évangélique patience, où
rarement un autre qu'un prêtre est à sa
place.

Il partit pour Paris avec l'intention d'y
faire son droit, tout en remplissant dans un
pensionnat renommé, l'institution Massin,
les fonctions de répétiteur.

Les passions politiques enflammaient
alors les Écoles et tournaient les cerveaux
de vingt ans.

On peut dire qu'elles eurent une fameuse
recrue dans ce jeune homme sec, bilieux,
porté par sa nature physique même, par
son instruction révolutionnaire et par son

origine italienne à tous les instincts de la
haine, du mécontentement et de la révolte.
Il se préoccupait beaucoup plus de la Char-
bonnerie et de la société de *Aide-toi le ciel
t'aidera* que des Institutes et du Code civil.

Lors de l'émeute qui eut lieu dans le
quartier Saint-Denis, en 1827, il courut se
joindre à ceux qui faisaient le sac des bou-
tiques d'armuriers, prit un fusil et tira sur
la troupe, derrière une barricade impro-
visée.

Une balle lui traversa le cou.

Mais il guérit de sa blessure, et, trois ans
plus tard, il coopérait d'une manière active
à la bataille de Juillet.

On ne peut pas être tout ensemble un

héros d'insurrection et un parfait apprenti jurisconsulte.

Les études de droit de Louis-Auguste Blanqui se prolongèrent indéfiniment, parce qu'il continuait de suivre avec une farouche persistance les conciabules des sociétés secrètes.

Il n'apparaissait aux cours que pour y fomenter la discorde et y organiser des manifestations scandaleuses.

C'est ce dont fait foi un arrêté du conseil académique de décembre 1831, qui le prive de trois inscriptions pour avoir sifflé et outragé M. Barthe dans l'exercice de ses fonctions.

Déjà Blanqui prenait en main la plume de l'écrivain politique.

Au mois de juillet de la même année, il fut mis en état d'arrestation, comme rédacteur du *Journal de la société des Amis du Peuple.*

. Cette affaire est connue sous le nom de procès des *Treize.*

Le jury prononça un verdict d'acquittement.

Mais la Cour rendit contre Louis-Auguste une sentence qui le condamnait à un an de prison et deux cents francs d'amende, pour délit d'audience.

Dans son discours, il avait attaqué violemment ceux qu'il appelait les *hommes du privilége.*

« Qui aurait pu croire, s'écriait-il, que les bourgeois accuseraient les ouvriers d'être la plaie de la société? Les privilégiés vivent grassement des sueurs du peuple. Qu'est-ce que votre Chambre des députés? une machine impitoyable qui broie vingt-cinq millions de paysans et cinq millions d'ouvriers pour en tirer toute la substance, qu'elle transvase dans les veines des privilégiés. »

A partir de ce moment, Blanqui se livre aux attaques les plus exaltées contre le système gouvernemental.

Il est de tous les complots, de toutes les émeutes. On le voit répandre dans la basse classe nombre de pamphlets clandestins et de libelles envenimés.

Combattant de l'insurrection d'avril, une chance heureuse le sauve. Il échappe aux poursuites de la police et ne figure dans le procès-monstre qu'à titre de défenseur choisi par quelques accusés.

La loi sur les associations avait brisé dans les mains du parti démocratique une arme puissante.

Mais elle fit naître les sociétés secrètes, formidables machines de guerre, intrigues souterraines dont la rue de Jérusalem ne tenait pas toujours la trame.

Blanqui fonde la *Société des Familles.*

Avant de périr sur l'échafaud, Pépin le désigne vaguement comme en étant le chef et comme ayant été instruit, à ce titre, de l'odieux attentat du boulevard du Temple.

Deux ans plus tard, il est impliqué dans l'affaire de la rue de Lourcine [1].

La justice le condamne à deux ans de prison et à trois mille francs d'amende.

Amnistié en 1837, on lui interdit le séjour de Paris et on lui assigne pour résidence la ville de Pontoise, où il se retire avec sa femme et ses enfants.

Cette retraite ne sert qu'à mieux cacher ses formidables projets.

1. Fabrication clandestine de poudre et de munitions de guerre.

2.

Depuis longtemps il est le principal mo-
teur d'une société puissante, organisée avec
les débris de l'ancienne *Société des Familles*,
et qui a pris le nom de *Société des Saisons*.

Quatre chefs la dirigent avec lui.

Ce sont Barbès, Martin-Bernard, Lamieus-
sens et Raisan.

Le calcul de nos conspirateurs est de ne
pas bouger, pour mieux endormir la surveillance de l'ennemi et faire éclater à l'im-
proviste la mine qu'ils préparent.

Blanqui possède au plus haut point cette
qualité si vivement prescrite par Machia-
vel à ses disciples, la patience. Il ne se détermine à agir qu'à l'heure où la réussite
lui paraît à peu près certaine.

Vers le commencement de 1839, la France était sous le coup d'une longue crise ministérielle.

Les débats de la coalition avaient singulièrement affaibli l'action du pouvoir. Nos chefs révolutionnaires comptaient alors sur mille hommes résolus, bercés depuis longtemps de l'espérance du combat. Une société collatérale, mais affiliée, connue sous le nom de *Montagnards*, menaçait par son indiscipline de dissoudre l'association.

D'autre part, il était évident que la désaffection, en matière gouvernementale, commençait à gagner la bourgeoisie.

Blanqui décida que le moment de combattre était venu.

Martin-Bernard, Barbès et lui fixèrent les deux premiers dimanches de mai pour la revue des groupes des *Saisons*. La seconde de ces revues fut passée, le 12 mai, vers deux heures et demie.

Ce dimanche-là, les ouvriers chômaient.

Le temps était magnifique et les courses du Champ-de-Mars avaient attiré loin du centre de la ville un grand nombre de bourgeois. Presque tous les membres de la famille royale et les premières autorités se trouvaient sur le turf.

Donc le système allait être surpris, au moment où il s'y attendait le moins.

Blanqui, entrant dans un estaminet bogne, où l'attendaient Martin-Bernard, Barbès et les chefs en sous-ordre, s'écrie :

— Marchons!

En même temps, il tire de sa poche un mouchoir rouge et l'attache au canon d'un pistolet. Puis, accompagné d'un de ses complices, il descend dans la rue où, de toutes parts, débouchent les sectionnaires.

Aussitôt il se met à leur tête.

Les insurgés défoncent les magasins de l'armurier Lepage et se munissent de fusils de chasse.

Au milieu de la rue Bourg-l'Abbé l'émeute ouvre des caisses de cartouches, et les munitions se distribuent, à raison de trois cartouches par homme.

Huit cent cinquante sectionnaires pren-
nent part à cette levée de boucliers.

Sous le commandement de Blanqui et de
Barbès, nos démocrates imbéciles, ayant
tout au plus à tirer chacun deux ou trois
coups de feu, attaquent un gouvernement
qui dispose de quarante ou cinquante mille
hommes de troupe et de soixante mille
gardes nationaux.

Chemin faisant, cette poignée d'insurgés
recrute un nombre à peu près égal de combattants.

Mais les armes manquent et la majeure
partie des cartouches ne sont pas du calibre
des fusils.

Le but des chefs est de s'emparer de la

préfecture, afin d'y établir une sorte de camp retranché, de quartier général, qu'ils espèrent rendre inexpugnable en gardant et en barricadant les ponts. Toute la Cité devenant ainsi le centre de la révolte, rien ne devait être plus facile, à leur sens, que d'expédier des colonnes sur les divers points de Paris.

Barbès aussitôt part pour la rue Quin-campoix, avec une quarantaine d'insurgés, en avant du gros de la troupe.

Il n'est pas suivi, échoue dans sa pre-mière attaque, et ne sait plus que faire.

On change alors de plan.

Toute la bande se rue sur l'Hôtel-de-

Ville ; puis on se rabat sur les mairies des septième et huitième arrondissements. Repoussés partout, les héros de l'émeute font des barricades.

Une fois celle de la rue Grenéta prise, Blanqui disparaît et l'on perd sa trace.

Pendant six mois il échappe à toutes les recherches.

Enfin, le 14 octobre 1839, il sort de sa retraite et croit pouvoir quitter Paris.

Mais des hommes de police, prévenus de son départ, viennent le mettre en état d'arrestation, juste au moment où il va monter sur l'impériale d'une diligence qui doit le conduire en Bourgogne.

Traduit devant la Cour des pairs, en janvier 1840, il refuse de répondre et proteste seulement contre les accusations d'assassinat lancées par le rapporteur contre les insurgés, au sujet de l'attaque du poste du Palais-dé-Justice.

Comme Barbès, Louis-Auguste Blanqui fut condamné à mort.

Comme Barbès il obtint la commutation de sa peine. On leur épargna l'échafaud et on leur accorda la détention perpétuelle en échange.

Une grâce-complète eût ramené Blanqui peut-être à des sentiments meilleurs. La captivité barbare que les ministres dè Louis-Philippe lui infligèrent en fit un monstre.

Enfermé au Mont-Saint-Michel, il y subit
de ces tortures qui déshonorent un gouvernement civilisé. Les hommes d'État du système en garderont au front la tache éter-
nelle.

On corrige les hommes, on ne les exás-
père pas.

Blanqui, au bout de quatre années, quitta
le Mont-Saint-Michel, accablé de souffrances
et nourrissant au fond de l'âme une haine
inextinguible. On le transféra, de brigades
en brigades, au pénitencier de Tours, puis
à l'hôpital de Blois [1].

---

1. Arrivé là, Blanqui aurait, assure-t-on, obtenu
sa grâce, ou du moins des conditions de captivité si
douces, qu'elles ressemblaient beaucoup à la liberté.

Il se trouvait dans cette ville, lorsque la révolution de 1848 éclata.

Ce fut le signal de sa délivrance.

Les forces physiques lui revinrent comme par enchantement, et, le 26, il arriva à Paris, où, dès la veille, un club s'était installé sous son patronage dans la salle du Prado.

Partout le télégraphe se mettait aux ordres de la démocratie victorieuse. Le premier soin de Blanqui fut de le faire jouer, au sortir de l'hôpital.

A Paris, le prestige de son nom faisait déjà merveille.

En attendant sa venue annoncée, le citoyen Crousse préside le club.

Près de ce noble personnage se tiennent les citoyens Flotte, Darimon [1], Fomberteaux, Bornie, qui fut plus tard colonel du régiment des *Vésuviennes*, composé de filles publiques, Lacambre et plusieurs autres.

L'assemblée, comme on le voit, ne manque pas de fortes têtes et de gens estimables.

Chacun a eu soin d'amener à sa suite les amis sur lesquels il peut compter.

D'étranges rumeurs courent dans la foule,

---

1. Le même que nos honnêtes démocrates parisiens viennent de porter au Corps législatif. Il a été longtemps secrétaire de Blanqui.

et la sourde colère des membres du club
finit par éclater en acclamations sauvages.
Les yeux menacent, les poings s'agitent
convulsivement. Tous ces hommes sont en
proie à de violents transports.

Quelle peut être la cause de ce tumulte
et de cette rage? Vous le devinez sans
doute.

Le sanglant drapeau rouge, que les insurgés des faubourgs ont voulu imposer à
la France, vient d'être répudié, grâce aux
courageux efforts de M. de Lamartine, et
la disparition du sinistre emblème a été
suivie presque aussitôt de la protestation
suivante, affichée sur tous les murs de la
capitale:

Au gouvernement provisoire.

« Les combattants républicains ont lu
avec une douleur profonde la proclamation
du Gouvernement provisoire qui rétablit le
coq gaulois et le drapeau tricolore.

« Inauguré par Louis XVI, le drapeau
tricolore a été illustré par la première République et par l'Empire ; il a été désho-
noré par Louis-Philippe.

« Nous ne sommes plus, d'ailleurs, ni de
l'Empire, ni de la première République.

« Le peuple a arboré la couleur rouge
sur les barricades de 1848. Qu'on ne cher-
che pas à la flétrir. Elle n'est rouge que du
sang généreux versé par le peuple et par la
garde nationale ; elle flotte étendue sur Pa-

ris; elle doit être maintenue. *Le peuple victorieux n'amènera pas son pavillon !* »

Cette affiche, sans nom d'imprimeur, avait été rédigée par le docteur Lacambre, et chacun la commentait, lorsque le citoyen Crousse, agitant sa clochette, déclara la séance ouverte.

— Le pouvoir, s'écria-t-il dès le début, est la proie des hommes du *National !* Ces eunuques impuissants perdront la République si nous les laissons faire...

— A bas les hommes du *National !* cria l'assemblée rouge avec frénésie.

— Rien n'est plus facile que de nous mettre à leur place, continua le président. Vous

êtes tous armés. Un simple coup de main
et ils sont à terre. Personne, je vous le jure,
ne les soutiendra. Vous savez qu'ils n'ont
pu réunir aucune troupe. L'Hôtel-de-Ville
n'a point de défenseurs. Marchons!...

— Marchons! répéta la foule.

Certes, l'attaque pouvait aisément réussir.

Les dictateurs improvisés n'avaient effec-
tivement personne autour d'eux. Qui aurait pu les défendre des hasards de la rue?
Paris, encore sous le coup de la surprise du
24 février, aurait probablement accepté
celle du 26.

L'excellente ville professe pour les faits
accomplis un respect si profond!

Mais, — chose étrange, — l'arrivée de Blanqui nous sauva de la république rouge.

Il survint, comme le club entier s'élançait dehors, fit rentrer nos démocrates, alla s'asseoir sur le fauteuil de la présidence, et dit avec un bon sens remarquable :

— Citoyens, la France n'est pas républicaine. La révolution qui vient de s'accomplir est un accident heureux, rien de plus. Si nous voulons aujourd'hui porter au pouvoir des noms compromis aux yeux de la bourgeoisie par des condamnations politiques, la province aura peur. Elle se souviendra de 93, et rappellera peut-être le roi fugitif. La garde nationale elle-même n'a été que notre complice involontaire;

3

elle est composée de boutiquiers peureux
qui démoliront demain l'édifice qu'ils ont
laissé construire hier, au cri de : *Vive la
Réforme !*

— Ah ! pardieu, oui ! les gredins en sont
capables ! s'écria du fond de l'auditoire un
démocrate en blouse.

Et le club d'applaudir...

Blanqui continua :

—Le plus sûr est d'abandonner les hommes de l'Hôtel-de-Ville à leur impuissance.
Ils sont faibles, tant mieux ! c'est le signe
certain de leur chute, et le pouvoir qu'ils
ont usurpé n'est qu'un pouvoir éphémère.
Pour nous, citoyens, nous avons le peuple.
Rien ne nous est plus facile que de l'orga-

niser révolutionnairement au moyen des
clubs, comme jadis l'ont organisé les Jacó-
bins. Sachons attendre quelques jours encore et la révolution nous appartiendra.

— Oui, oui! cria la foule.

— Si vous vous emparez du pouvoir par
un audacieux coup de main, comme des
voleurs qui agissent au milieu des ténèbres,
sur quelle base établirez-vous la durée de
votre puissance ? Arrivés par surprise
comme les autres, vous tomberez comme
eux, par faiblesse. Il y aura, n'en doutez
pas, au-dessous de nous des hommes éner-
giques et ambitieux qui brûleront de nous
supplanter par de semblables attaques. Ce
qu'il nous faut, c'est le peuple immense,
les faubourgs insurgés, une seconde édition

du Dix Août. Nous aurons au moins le prestige de la force révolutionnaire.

Des applaudissements tumultueux couronnèrent cette harangue.

On ne combattit pas une seule des raisons de l'orateur, et le bureau fut provisoirement composé de la manière suivante :

Président : Blanqui.

Vice-Président : Théophile Thoré.

Secrétaires et membres du bureau : Xavier Durrieu, rédacteur en chef du *Courrier français* et chevalier de l'Ordre de Charles III d'Espagne ; — Gabriel Laviron, qui fut tué plus tard à Rome en combattant pour Mazzini ; — Pierre Lachambaudie,

honnête homme fourvoyé dans cette ca-
verne ; — le cuisinier Flotte ; — et le por-
tier Fomberteaux, ex-collaborateur de Joi-
gneaux au *Moniteur républicain*, charmant
journal qui prêchait, en 1843, l'athéisme
et l'assassinat.

Tous ces hommes étaient des pantins,
dont Blanqui tenait les ficelles.

On lui obéissait aveuglément.

Le héros de cette histoire est d'une taille
au-dessous de la médiocre. C'est un petit
homme grêle et brun. Ses yeux noirs, in-
jectés de sang, ne se fixent jamais sur personne, comme ceux du chat et comme ceux
du tigre. Il a le nez outrageusement pointu

et les lèvres minces et serrées, ce qui, sui-
vant Lavater, est l'indice des natures per-
verses.

Sa voix est brève, saccadée, grinçante.

Ses cheveux, blanchis avant l'âge et tail-
lés en brosse, donnent à sa figure une expression de sombre énergie!

Louis-Auguste se tient courbé en mar-
chant; ses jambes flageollent comme celles
d'un vieillard. Toujours misérablement
vêtu, mais portant ses guenilles avec une
dignité romaine, il enveloppe ses mains
d'invariables gants de coton noir.

Il pose sans cesse, devant ses amis comme
devant ses ennemis.

Nombre des démocrates sont persuadés

qu'il ne mange que du pain de seigle et
des feuilles de laitue; mais quand ce héros
révolutionnaire est seul, il ne se refuse ni
le pain blanc, ni le bon vin, ni le gibier.

Quoique son courage fût regardé comme
douteux, même par ses partisans les plus
enthousiastes, il les dominait eux-mêmes
et dominait tous les comparses de la démocratie par son talent organisateur, par les
ressources de son esprit merveilleusement
cultivé, par sa ruse profonde et son audace
sans bornes.

Son club prit définitivement le nom de
Société républicaine centrale.

Les séances eurent lieu chaque jour, non

plus au Prado, mais dans la salle consacrée
aux essais dramatiques des élèves du Con-
servatoire.

On entrait par la porte de la rue Bergère.

Si l'on voulait y trouver place, il fallait
faire queue à la suite d'une foule nom-
breuse appartenant à tous les sexes et à
tous les âges.

Du reste, on n'était admis dans la salle
que moyennant rétribution.

Blanqui avait jugé convenable d'ouvrir
des guichets payants, comme à la porte
des théâtres, et les recettes quotidiennes,
jointes aux collectes mensuelles des spec-
tateurs, constituaient pour la caisse du club
une petite rente assez rondelette.

Quand les séances devaient être ora-
geuses, il se faisait aux environs du Con-
servatoire un commerce assez actif de bil-
lets de faveur et de places réservées.

Au profit de qui? nous l'ignorons.

Vers sept heures et demie du soir, les
Montagnards à cravate rouge, armés jusqu'aux dents, qui remplissaient à la *Société
républicaine centrale* l'office de gardes mu-
nicipaux, laissaient libre l'accès du grand
escalier.

Cinq minutes plus tard, les banquettes
encore inoccupées se trouvaient envahies.

On connaît la disposition de cette salle,

déstinée, comme nous l'avons dit, aux études dramatiques. Avant l'entrée de la foule, tous les membres du club, qui avaient seuls le droit de parler et de voter, se trouvaient installés déjà dans l'orchestre et dans le parterre. Quant aux loges, elles étaient louées d'avance pour la plupart, soit par de riches Parisiens, soit par des Anglais.

Ces honnêtes fils d'Albion ne manquaient jamais d'applaudir avec frénésie les motions les plus désordonnées et les plus subversives.

Sur la scène, à gauche des auditeurs, se trouvait le bureau, garni d'un tapis vert.

A droite, se plaçaient les Mirabeau qui venaient là déployer leur verve républicaine et leur éloquence de carrefour.

Les citoyens Hippolyte Bonnelier, Arnould Frémy, Savary, Malapert, Alphonse Esquiros étaient les orateurs ordinaires de ce club, où les blouses, du reste, ne se montraient qu'en minorité. Mais, en revanche, on y voyait beaucoup de vieillards, dont les crânes, dénudés par l'âge, ne nuisaient pas à la mise en scène.

Ces respectables barbons représentaient les pères conscrits de la démagogie.

On ne se figure pas quelles propositions inouïes et fantasques se discutaient journellement, et avec le plus grand sérieux, dans ce repaire.

Un jour, le citoyen Thouars, dont l'œil

s'affligeait de ne voir autour de lui que l'indigne vêtement bourgeois, propose nettement de proscrire la redingote et de n'admettre aux séances que les frères en blouse.

Sa motion est rejetée.

Néanmoins le farouche Montagnard ne se tient pas pour battu.

Le lendemain, il arrive avec une blouse bleue, toute flambante neuve.

Mais il ne la porte pas dans la rue, et, chaque soir, avant de quitter la séance, il la dépose au vestiaire [1].

1. Nous empruntons ces détails et ceux qui von suivre au livre de M. Lucas, intitulé : *Clubs et Clubistes*.

Un autre jour, un démocrate. d'outre-Rhin demande la parole.

— Je vous annonce, dit-il, et j'annonce à tous nos frères de France que j'ai l'intention de partir avec une légion d'amis, pour donner la république à l'Allemagne.

— Très-bien! Vive la république allemande! s'écrient les membres du club.

— Nous voulons faire là-bas ce que nous avons fait ici.

— Bravo!

— Accordez-nous donc votre secours. Nous avons besoin d'argent, et de fusils, surtout.

— Des fusils et de l'argent à nos frères d'Allemagne! hurle-t-on de toutes parts.

Une proposition du citoyen président, mise aux voix sur l'heure, est accueillie par un vote unanime. On décide que le Gouvernement provisoire sera sommé de fournir des fusils aux Germains patriotes et qu'une collecte sera ouverte, à la fin de la séance, pour le triomphe de leur cause.

Le démocrate allemand quitte la tribune.

Mais il est rappelé par un signe parti de l'avant-scène. Une très-jolie femme laisse tomber dans son chapeau tyrolien une montre, ornée de sa chaîne.

Aussitôt le club tout entier de battre des mains.

On demande le nom de la citoyenne,

ce nom vole de bouche en bouche sur les ailes de l'enthousiasme.

Croisant les bras sur son cœur, le frère d'Allemagne reprend la parole:

— Merci, dit-il, oh! merci, nobles Français! Vos affectueux et sympathiques témoignages m'assurent que notre cause triomphera. Quant à cette montre, ajouta-t-il, en la fourrant dans sa poche, elle ne me quittera plus.

Cela dit, il sort de la salle en toute hâte, et deux ou trois sceptiques se disent à demi-voix que cet enfant de la blonde Germanie pourrait bien être un habile filou parisien;

Les membres de la *Société républicaine*

centrale prirent à tàche, plus d'une fois, de montrer le mépris sincère qu'ils professaient pour la liberté des opinions.

A l'une des séances du mois d'avril, le hasard voulut que bon nombre d'auditeurs des loges et des galeries parussent ne pas approuver quelques-unes des doctrines passablement excentriques, exposées par les orateurs ordinaires du club.

On se permettait, d'un bout de la salle à l'autre, des interruptions fréquentes, et nos démagogues recevaient en face et à brûle-pourpoint quelques bonnes vérités.

Il ne s'agissait de rien moins, à cette séance, que de demander au Gouvernement provisoire la dissolution et le désarmement de la garde nationale rouennaise, coupable d'avoir réprimé une émeute fomentée par les agents des clubs parisiens, et notamment par deux ou trois personnages à la solde du club de la rue Bergère.

On demandait, en outre, la mise en jugement des principaux officiers de cette criminelle milice bourgeoise, qui avait eu l'audace de combattre et de vaincre les fauteurs de troubles.

Déjà le citoyen Blanqui avait plusieurs fois réclamé le silence, lorsque, sur une dernière interruption, plus vive que les autres, il s'écria d'une voix menaçante :

— Si on ne reste pas tranquille dans les loges et dans les galeries, je vais faire éteindre le gaz !

4

Les auditeurs, épouvantés, comprirent
aussitôt la menace sinistre cachée sous ces
paroles en voyant les Montagnards chargés
de la police de la salle abaisser vers eux
les canons de leurs fusils.

On jugea prudent de se taire, et la *Société républicaine centrale* vota l'adresse
qui va suivre au Gouvernement provisoire :

« Citoyens,

« La contre-révolution vient de se bai-
gner dans le sang du peuple. Justice ! justice immédiate des assassins !...

« D'où vient que, depuis deux mois, les
populations ouvrières de Rouen et des val-
lées industrielles environnantes n'avaient
pas été organisées en garde nationale ?

D'où vient la présence à Rouen du 28ᵉ de ligne, ce sinistre héros du faubourg de Vaise, en 1834? D'où vient que la garnison obéissait aux ordres de généraux ennemis de la République, d'un général Gérard, créature et âme damnée de Louis-Philippe?

« On se retrouve au lendemain des jours néfastes qui naguère ont couvert la France de deuil et de honte.

« Ce sont bien les mêmes bourreaux et les mêmes victimes. D'un côté, des bourgeois forcenés, poussant par derrière au carnage des soldats imbéciles qu'ils ont gorgés de vin et de haine; de l'autre, de malheureux ouvriers tombant sans défense sous la baïonnette et la balle des assassins!

« Pour dernier trait de ressemblance,

voici venir la Cour royale, les juges de
Louis-Philippe, se ruant comme des hyènes
sur les débris du massacre et remplissant
les cachots de deux cent cinquante républicains.

« A la tête de ces inquisiteurs est Frank-
Carré, l'exécrable procureur de la Cour des
Pairs, ce Laubardemont qui demandait
avec rage la tête des insurgés de mai 1839.

« Nous réclamons :

« 1° La dissolution et le désarmement de
la garde bourgeoise de Rouen.

« 2° L'arrestation et la mise en jugement
des généraux et officiers de la garde bourgeoise et de la troupe de ligne qui ont or-
donné et dirigé le massacre.

« 3° L'arrestation et la mise en jugement
des soi-disant membres de la Cour d'appel
qui, agissant au nom et pour le compte de
la faction royaliste victorieuse, ont empri-
sonné les magistrats légaux de la cité.

« 4° L'éloignement de Paris des troupes
de ligne. »

Inutile de dire que Blanqui avait rédigé
ce factum révolutionnaire plein d'audace et
d'insolence.

La *Société républicaine centrale* était le
seul club qui inspirât des craintes sérieuses
aux Provisoires. Entre eux et Blanqui la
guerre avait été déclarée, à partir du jour
où celui-ci devina la répugnance invincible
qu'il leur inspirait. Tout d'abord il s'était

bercé de l'espérance de concilier ses doctrines avec les leurs ; mais son illusion fut
de courte durée.

Flotte, son séide, alla de sa part rendre
visite à Caussidière.

— Vous savez, dit-il, que notre président
est d'accord avec Lamartine[1] ? Il ira voir
Ledru-Rollin, si Ledru-Rollin accepte une
entrevue.

Le préfet de police communiqua cette
ouverture au ministre de l'intérieur.

Ce dernier détestait Blanqui autant qu'il
en était méprisé.

1. Le ministre des affaires étrangères de la République avait proposé une ambassade à Blanqui.

— Pourquoi voulez-vous que je reçoive cet homme-là? demanda-t-il à Caussidière.

— Dam! il faut voir. Les intentions, peut-être, sont moins détestables qu'on ne le suppose. Recevons-le, quitte à le repousser plus tard, s'il est reconnu que nous ne pouvons pas nous entendre.

— Jamais! s'écria Ledru-Rollin.

— Est-ce votre dernier mot?

— Oui, certes. Blanqui a une *poche à fiel* à la place du cœur. Si je le recevais, il se vanterait de m'avoir imposé ses volontés. N'en parlons plus.

— Caussidière n'insista pas.

Au Luxembourg, les citoyens Albert et

Louis Blanc se montraient hostiles à la partie modérée du Gouvernement provisoire, et poussaient eux-mêmes de toutes leurs forces aux excès révolutionnaires; mais cela ne les empêchait pas d'avoir Blanqui en exécration.

Ils le croyaient très-supérieur à eux et capable de les dominer.

Pour établir une contre-mine à ses envahissements, ils réorganisèrent, avec Ledru-Rollin et Flocon, la *Société des Droits de l'Homme et du Citoyen.* Comme Louis XI, ces bons démocrates pensaient qu'il fallait diviser pour régner.

Tous leurs efforts tendirent à contrebalancer l'influence croissante de la rue Bergère.

C'était pour eux un véritable épouvantail.

Blanqui poussa la hardiesse jusqu'à citer plusieurs fois à sa barre le géant Caussidière, et celui-ci, n'osant pas désobéir, accourait se disculper au plus vite.

Un jour, on le somma de comparaître, à la requête des cuisiniers démocrates enrôlés dans le corps des Montagnards. Le préfet de police avait eu l'impudeur de les congédier pour prendre à son service ceux de l'ancien préfet, beaucoup plus recommandables comme science culinaire, et dont les ragoûts flattaient davantage sa sensualité.

— Quel gros être matériel! disait Blanqui. Ce n'est qu'une masse de chair. Il

manque de l'énergie qui constitue le véritable démocrate et s'habitue trop facile-
ment aux délices du pouvoir. Le temps est
venu de repousser loin de nous ces hommes
énervés, car ils entravent la marche de la
révolution.

D'autres fois, il frondait avec amertume
les abus qui se glissaient à la préfecture de
police.

Le plus grave reproche qu'il adressait à
Caussidière était d'entretenir les anciens
sergents de ville et les anciens gardes mu-
nicipaux.

— Pourquoi nourrir tous ces fainéants,
ennemis du peuple, s'écriait-il, tandis que le
peuple meurt de faim et de misère? A quoi
bon aussi former cette garde préfectorale?

Sans doute il nous répondra que la sûreté de la ville et de la République nécessite ces mesures. Mais les hommes des clubs, mais les anciens détenus politiques ne sont-ils pas là, tous armés jusqu'aux dents et prêts à défendre la souveraineté du peuple? Je le soupçonne de nous trahir et d'organiser cette milice dans l'intérêt de son ambition personnelle.

Un assez bon nombre de Montagnards se désaffectionnaient chaque jour de la personne du préfet de police, pour s'attacher à Blanqui, dont ils admiraient l'énergie sauvage, plus conforme à leur propre nature.

Caussidière, sur un ordre donné par les

membres du Provisoire, moins Lamartine
et Louis Blanc, veut faire arrêter Blanqui.

Le commissaire de police Bertoglio se
charge de cette mission dangereuse. Accompagné de quatre sbires il se présente au domicile du président de la *Société républicaine centrale.*

Deux de ses hommes restent dans l'allée
de la maison.

Les deux autres se tiennent dans l'escalier, pour lui prêter main-forte au premier
signal.

On introduit le commissaire dans une
pièce où il aperçoit vingt Montagnards,
portant le fusil sur l'épaule, double pistolet
à la ceinture et sabre au côté.

L'arrestation devenait impossible.

Après quelques paroles insignifiantes échangées avec Blanqui, M. Bertoglio se retira.

Dès ce jour, une surveillance active fut organisée contre le redoutable démagogue, afin de pouvoir le saisir, sans bruit, sans scandale, au moment où il n'aurait pas avec lui ses défenseurs.

Mais il déjoua toutes les recherches et mit sur les dents les plus fins limiers.

Pendant six semaines il ne coucha pas une fois à son domicile.

Tout à coup un ordre inattendu lui rendit quelque sécurité.

Seulement, pour son honneur, il eût
mieux valu qu'on persévérât dans le système de la persécution et de la violence.
Ce repos subit que lui accordaient les
hommes de l'Hôtel-de-Ville était un signe
de mépris. Dorénavant ils ne craignaient
plus qu'il renouvelât l'acte de puissance
révolutionnaire du 17 mars, en lançant
contre eux les faubourgs.

Le sceau de la réprobation générale ve=
nait de s'imprimer sur le front de Blanqui.

Dans un recueil intitulé *Revue rétrospective*, publié par M. Taschereau, parut une
lettre curieuse, non signée, adressée au ministre de l'intérieur du roi Louis-Philippe,
et datée du mois d'octobre 1839. Elle con-

tenait des détails parfaitement circonstan-
ciés sur les événements du 12 mai, et dé-
voilait, par la même occasion, les mystères
des sociétés secrètes.

Ce fut un coup de foudre pour Blanqui.
On ne pouvait attribuer cette lettre qu'à sa
plume.

Barbès, Martin-Bernard, Raisan et La-
mieussens affirmèrent que tous ces détails
n'avaient pu être révélés que par lui.

En effet, la description de leur caractère,
dans la pièce incriminée, se trouvait exac-
tement la même que celle faite par Blanqui
à chacun d'eux sur le compte des autres,
dans ses moments confidentiels.

Le président de la *Société républicaine centrale* promit de répondre.

Mais il ne fit qu'attaquer les publicateurs de cet étrange mémoire, assurant qu'il avait été fabriqué dans un conseil tenu par les démocrates ses ennemis.

Cependant la lumière ne tarda pas à se produire sur certains points.

On sut que la fameuse pièce avait été copiée par un nommé Lalande, autrefois secrétaire à la Chambre-haute, et mort depuis trois ans. M. Pasquier, ex-président du Luxembourg, déclara qu'il avait entre les mains un document semblable, sans désigner la personne de laquelle il émanait.

Même déposition fut faite par M. de la Chauvinière, archiviste de la Chambre défunte, par M. Frank-Carré, procureur-général, et par nombre d'anciens employés aux bureaux du Luxembourg.

M. Zangiacomi, conseiller à la Cour d'appel, déclara que la lecture du mémoire publié par la *Revue rétrospective* avait éveillé chez lui d'anciens souvenirs. Plusieurs des faits énoncés se trouvaient entièrement conformes à des circonstances qu'il avait connues comme magistrat. Bref, il restait convaincu que la pièce en question ne pouvait émaner que d'un homme très au courant des affaires démocratiques, d'un chef même des sociétés trahies.

5

. Mais la déposition la plus explicite est celle de M. Dufaure.

Il était ministre, en 1840, au moment où se jugeait le procès de Barbès et consorts.

« Je me rappelle parfaitement, dit-il, que Blanqui, durant son incarcération, ayant témoigné le désir, d'après l'avis qui nous en fut donné en conseil, d'être mis en rapport avec un membre du gouvernement, M. le ministre de l'intérieur, Duchâtel, fut chargé de cette mission.

« Il se transporta deux ou trois fois à la prison où était détenu Blanqui.

« Monsieur le ministre ne nous rendit pas compte dans tous leurs détails des déclarations de cet homme; mais nous sûmes qu'elles avaient de l'importance en ce qu'elles dévoilaient l'organisation des sociétés secrètes. Je crois me rappeler que M. le ministre de l'intérieur eut trois conférences avec le nommé Blanqui, si bien qu'à la lecture de la *Revue rétrospective* je rapprochai involontairement mes souvenirs des trois dates que contient la pièce publiée. »

Cette déclaration de M. Dufaure est écrasante.

Les séides de Blanqui s'écrièrent qu'il était la victime immaculée d'une machination ténébreuse.

« A cinquante et un ans, écrivait, il y a quelques mois, l'un d'entre eux, monsieur

Blanqui (nous trouvons cette expression de *monsieur Blanqui* ravissante!) a déjà payé dix-neuf années de sa vie aux prisons, et trois lui restent encore à solder. Est-ce ainsi que la police paye ses complaisants?

Mon Dieu, oui! c'est ainsi que la police paye les révélateurs, quand ils sont devant l'échafaud.

Elle leur fait grâce de la vie.

Du reste, comme observation de mœurs curieuse, il paraît que ces héros de la dénonciation n'en restent pas moins fidèles de cœur à leurs amours démocratiques. Ils touchent, la veille, le prix d'une trahison contre leurs frères et vont se battre, le lendemain, avec eux sur les barricades.

Nous n'affirmons pas que *monsieur Blan-qui*, le lycanthrope, ait poussé jusque-là le cynisme. Peut-être a-t-il agi tout simplement en homme nerveux.

Quand on va lui couper le cou, l'oiseau chante, — et *monsieur Blanqui* a chanté.

« Le 14 avril, continue l'écrivain louan-geur en question, *monsieur Blanqui* publia une lettre où, sans S'ATTARDER A UNE DÉFENSE INUTILE (autre locution pleine de charme et d'une originalité parfaite), il attaquait de front le Gouvernement provisoire. Mais, deux jours après, l'attitude de la garde nationale, réunie à l'appel du général Changarnier, montrait à Blanqui la peine qu'il aurait à monter au pouvoir. »

On a eu vraiment tort de dresser des obstacles devant sa marche ambitieuse.

La France regrettera toujours de n'avoir pas été gouvernée par *monsiéur Blanqui !*

Cependant la pensée de l'attentat du 15 mai prenait naissance et se développait dans le club de la rue Bergère.

Le 13, un membre propose d'aller à l'Assemblée, en masse, dicter une série de décrets.

Blanqui répond :

« — Citoyens, le peuple ne comprend pas encore le communisme. Adressons-nous à des idées auxquelles il soit plus sensible. »

Or, la Pologne a toujours été un nom magique pour les Chauvins innombrables dont notre cher pays abonde, et ce fut au nom de la Pologne que Blanqui résolut d'entraîner le peuple.

Seulement il se réservait de fixer le jour et l'heure de la manifestation.

Le 14, à l'ouverture de la séance, il fait décider que la *Société centrale républicaine* se joindra aux corporations qui doivent, le lendemain, porter à l'Assemblée nationale une requête en faveur de la Pologne.

On se réunit à la colonne de Juillet, sur la place de la Bastille.

Blanqui vient se mettre, avec les délé-

gués, à la tête de la horde populaire, tra-
verse les boulevards en grande pompe, et
pénètre l'un des premiers au palais Bour-
bon.

Nous avons déjà fait l'histoire de cette
attaque impudente contre l'Assemblée, par
conséquent nous ne la reproduisons pas de
nouveau.

Quand le citoyen Raspail eut terminé la
lecture de la fameuse pétition, Blanqui
monte à la tribune.

Il réclame un vote immédiat sur les con-
clusions de la requête; puis il demande justice, au nom du peuple, à l'occasion des
événements de Rouen.

C'était là son thème favori.

Parlant ensuite de la misère des classes laborieuses, il somme l'Assemblée de s'occuper, séance tenante, des moyens de fournir du travail aux milliers de citoyens qui en cherchent. Enfin il termine en se plaignant avec amertume qu'on persistât, pour ainsi dire par système, à écarter les amis du peuple des conseils du gouvernement.

Bientôt l'illustre démocrate Hubert prononce la dissolution de l'Assemblée.

Sur les listes du nouveau Gouvernement provisoire figure en tête le nom de Blanqui.

Cependant on ne le trouve pas à l'Hôtel-de-Ville, quand la garde nationale s'y porte.

Voyant le coup manqué, le président du club de la rue Bergère a pris la poudre d'escampette.

Il se réfugie d'abord à Maisons-Laffitte, puis il rentre à Paris, quelques jours après, déguisé en officier de la milice bourgeoise. Pendant une semaine entière il échappe aux recherches de la police; mais enfin, le 28, on l'appréhende au corps dans un bouge de la rue Montorgueil, où il s'était caché avec plusieurs de ses complices.

Peu s'en fallut qu'on ne le prît pas encore cette fois-là.

Douze agents de la préfecture, après avoir inutilement fouillé tous les coins de maison suspecte, en étaient déjà ressor-

tis, lorsqu'ils s'avisèrent de compter les
étages.

Ils en virent trois, et l'escalier n'en avait
que deux.

Rentrant au plus vite, ils se livrèrent à
des perquisitions nouvelles, sondèrent la
muraille et découvrirent une porte secrète,
avec l'escalier du troisième étage.

Tout fut dit.

Le président de la *Société centrale répu-*
blicaine dînait avec Flotte, Lacambre et
quelques autres personnages de même
trempe. Ces nobles démagogues faisaient
honneur à un pique-nique somptueux.

« Avec un calme digne des hommes de

l'antiquité, dit encore le biographe-séide,
monsieur Blanqui exprima le désir d'ache-
ver le repas.

On saisit à son domicile, rue Boucher,
n° 1, une liste de proscription, en tête de
laquelle se trouvaient les noms de son frère
l'économiste, du sieur Taschereau, et du
chef d'institution Massin, son ancien pa-
tron.

Ne frémissez-vous pas, en songeant que
de pareils hommes aspirent à reparaître un
jour à l'horizon politique?

Traduit devant la Haute Cour, siégeant à
Bourges, *monsieur Blanqui* crut devoir
rompre, en audience publique, le silence

obstiné qu'il avait gardé pendant l'instruction. Il déclina la compétence de la Cour,
sous prétexte qu'elle avait été formée en
vertu d'une loi postérieure aux événements
qui jetaient les accusés sous la main de la
justice.

Monsieur Blanqui soutint qu'il n'avait
pris part à aucune espèce de trame contre
l'Assemblée.

« —Je vous défends, cria-t-il, de trouver
une seule preuve à ma charge! »

A l'entendre, il n'y avait eu, le 15 mai,
qu'une réunion d'hommes, poussés par les
événements à faire beaucoup plus qu'ils
n'avaient pu prévoir.

Un incident remarquable, et digne d'être

reproduit *in extenso*, vint signaler la dernière audience, celle du 2 avril.

Nous laissons la parole aux accusés.

Le procès-verbal qui va suivre est conforme à celui publié par la *Gazette des Tribunaux*.

BLANQUI.

Je dis qu'on me fait une guerre inexorable. On a remonté jusqu'au 12 mai 1839 pour me charger. Nous étions deux ; nous sommes deux encore ici, l'un qui ne se défend pas...

BARBÈS, *avec colère.*

Je vous somme expressément de ne pas parler de moi ! (*Sensation dans l'auditoire.*)

BLANQUI, *très-pâle:*

Non, je ne le ferai pas.

L'accusé revient de nouveau sur la manifestation du 16 mars. Il arrive à parler
de la publication de la *Revue rétrospective,*
qu'il assure avoir été délibérée en conseil
des ministres.

BARBÈS, *avec irritation.*

J'en ai parlé dans une autre enceinte,
j'en parlerai encore ici ; mais cela se videra
entre nous.

FLOTTE, *se levant d'un air menaçant.*

Oui, cela se videra entre nous.

BARBÈS, *d'un air dédaigneux.*

Quand vous voudrez! (*Mouvement pro-
longé dans l'auditoire.*)

M. LE PRÉSIDENT.

Accusés, au moins respectez-vous les uns
les autres.

BARBÈS.

Tout à l'heure je suis intervenu, malgré
ma volonté, dans l'accusation. On a déclaré
que ce j'avais dit dans une autre enceinte
était faux. Sur mon honneur, j'affirme que
ce que j'ai dit dans le club de la Révolution
est vrai! Cette pièce contient la vérité entière; elle émane de celui qui en est accusé!
On a fait exprès d'attendre le dernier jour
des débats, afin de pouvoir dire plus tard :

« J'ai dit cela devant Barbès, et y n'a pas
protesté! » Pourquoi cet individu a-t-il été
gracié? Il y avait une pièce de révélation.
Voilà le motif de sa grâce!

BLANQUI.

Ma grâce a été donnée sur le rapport du
médecin qui a déclaré que je n'avais pas
huit jours à vivre. Cette grâce je l'ai refusée,
et je suis resté en prison.

BARBÈS.

La France entière saura enfin si cet
homme est sorti de prison le 24 février,
comme il le dit. Il est tellement certain qu'il
est sorti avant, qu'il écrivait de Blois des
lettres, dans lesquelles il se plaignait des
mouchards qui l'espionnaient. Il était dans
un hôpital magnifique, mangeant aux frais

6

du gouvernement, chevauchant tout à son
aise, sortant quand il lui plaisait. Tandis
que moi, lorsque j'ai été malade, est-ce
qu'on m'a fait grâce? Parquin, Jouve,
Joanne ne sont-ils pas morts en prison? Ces
révélations ne peuvent venir que de l'homme
qui est là! Lui seul pouvait savoir les opinions intimes de Raisant, par exemple. J'ai
dit mon opinion en plein club. Aussitôt un
jury d'honneur s'est formé pour interroger
la personne. Elle a été sommée de venir,
et elle n'est pas venue. Voilà tout.

Le haut jury ayant admis en faveur du
héros de ce livre des circonstances atté-
nuantes, la Cour le condamna à dix années
de détention, qu'il subit encore aujourd'hui
à Belle-Ile.

Blanqui sera prochainement rendu à la société.

Que cette société n'oublie pas les paroles prononcées à son club en 1848.

Les voici :

— On se méprend étrangement sur notre compte, disait un membre influent du bureau, lorsqu'on va criant par les rues que nous voulons le rétablissement de la guillotine. Allons donc! La guillotine, personne ne l'ignore, a sérieusement déconsidéré 93. Décapiter les gens en plein soleil, à la face de deux ou trois cent mille curieux; insérer, le lendemain, leurs noms au *Moniteur*... en vérité c'était par trop niais! Le doute n'était permis d'aucune manière, et la France, puis l'Europe, de jeter les hauts cris.

— Cependant, objecta un sectionnaire, nous avons besoin de têtes.

— Oui, certes ! répondit l'orateur, avec le calme d'une conscience pure. Seulement il faut substituer à la guillotine; vieil outil usé, ébréché, un moyen non officiel et ne laissant derrière lui que le doute ou l'équivoque. Ce moyen, c'est le MASSACRE A DOMICILE.

Voilà qui est clair, net et catégorique.

FIN.

Paris.—Typographie de Gaittet et Cie, r. Gît-le-Cœur, 7.

Mon cher — — —, les deux premiers volumes de Montal sont disponibles, je les livre avec plaisir.

mandez-moi si vous aurez pu prévenir à temps votre frère pour la carte de Crimée et les deux plans de Sébastopol et de Cronstadt. pensez-vous recevoir bientôt votre caisse ?

j'ai la Cholérine assez fort, à mon grand scrupule — je ne me croyais pas dans le catalogue des vulnérables. Et vous autres à vous autres ?

A. Mauguin

imp. Lith. de V. Janson, r. Dauphine, 18.

VIENT DE PARAÎTRE

Chez GUSTAVE HAVARD, 15, rue Guénégaud.

LA LECTURE,

JOURNAL DE ROMANS,

DEUXIÈME VOLUME.

Premier semestre de la deuxième année :

LE NAUFRAGE DE LA MÉDUSE,

Par Charles Deslys.

LES DRAMES INCONNUS,

Par Frédéric Soulié,

LES SOUVENIRS D'UN ENFANT DU PEUPLE,

Par Michel Masson.

En cours de publication dans le 2ᵉ semestre :

LE PARADIS DES FEMMES

Par Paul Féval.

Prix de chaque Numéro : 5 cent.

L'ÊTRE

OU ÉBAUCHE

D'UNE ÉTUDE INTÉGRALE

DE LA VIE UNIVERSELLE,

PAR **F. CANTAGREL.**

—

1ᵉʳ MÉMOIRE :

Comment les Dogmes commencent.

(2ᵉ tirage.)

———

ACHILLE TRINQUIER.

———

MÉLANGES POÉTIQUES.

LE GIAOUR.

PARISINA. — LA BATAILLE PERDUE.

MORALITÉS.

Un vol. in-18. Prix : 1 fr.

www.ingramcontent.com/pod-product-compliance
Lightning Source LLC
Chambersburg PA
CBHW070904280326
41934CB00008B/1571